Inhalt

Heimvernetzung - Das diesjährige Hype-Thema der IFA verspricht endlich eine durchgängige Vernetzung im eigenen Heim

Kernthesen

Beitrag

Fallbeispiele

Weiterführende Literatur

Impressum

Heimvernetzung - Das diesjährige Hype-Thema der IFA verspricht endlich eine durchgängige Vernetzung im eigenen Heim

M. Westphal

Kernthesen

- Die diesjährige IFA ermöglichte erstmals Herstellern von weißer Ware die Ausstellung ihrer Geräte auf der Messe.
- Das Hype-Thema der IFA war die

Heimvernetzung über sämtliche elektronischen Geräte im Haushalt hinweg.
- Heimvernetzung ist schon seit Längerem ein Thema im Bereich Elektronik, scheiterte bisher aber an durchgängigen Konzepten.
- Trotz verschiedener Standardisierungsinitiativen ist immer noch zu befürchten, das nicht alle Schnittstellen kompatibel sind und somit eine komplett durchgängige Kommunikation nicht möglich ist.

Beitrag

Der Trend zur Heimvernetzung zeigte sich auch durch die Integration von weißer Ware auf der diesjährigen IFA. Erstmals wurden die Möglichkeiten einer kompletten Vernetzung und Kommunikation aller elektronischen Geräte in einem Haushalt gezeigt.

Auf der IFA wurde erstmals die komplette Vernetzung sämtlicher elektronischer Geräte im Haushalt gezeigt

Natürlich stand auf der diesjährigen IFA weiterhin das Fernsehen im Mittelpunkt. Da aber die Vernetzung der verschiedenen elektronischen Geräte im Haus eines der Hauptthemen auf der diesjährigen Messe war, war neben der braunen auch die weiße Ware zu sehen. Denn die Heimvernetzung betrifft nicht nur das freie Versenden von multimedialen Inhalten wie Filmen, Musik oder Bildern zwischen den verschiedenen Geräten, sondern auch die internetmäßige Verknüpfung sämtlicher elektronischer Geräte.

Der Fernseher soll als Zentrale der Heimvernetzung fungieren

Das Thema Heimvernetzung war in der Vergangenheit auch durch die Diskussion bestimmt, ob der Fernseher oder aber ein Computer die Steuerzentrale für den Heimbereich sein soll. Die komplizierte Bedienung des Computers, seine Lautstärke aufgrund des Lüfters wie auch schlechte Erfahrungen der Nutzer mit der Media-Version von Windows als Wohnzimmer-Betriebssystem führte dazu, dass der Fernseher jetzt als Zentrale angesehen wird. Gerade für viele Anbieter der Unterhaltungselektronik wird der Fernseher die Zentrale für die häusliche Vernetzung sein. So werden von den Herstellern neue Bedienkonzepte

entwickelt, Geräte mit Internetanschluss, eingebauter Festplatte und spieletauglichen Auflösungen vorgestellt.
Allerdings stehen viele Verbraucher dieser Entwicklung noch skeptisch gegenüber, da sich damit der Gerätekauf weiter verkompliziert. Die Verknüpfung von Fernsehen und Computerfunktionen sowie Internet erschwert die Auswahl und macht den funktionalen Vergleich deutlich komplexer. (1)

Verschiedene Initiativen wollen die Kompatibilität der Schnittstellen zu einer Kommunikation aller Geräte sicherstellen

Das wesentliche Problem besteht derzeit für die Hersteller darin, die Kommunikation zwischen den verschiedenen Geräten unterschiedlichster Hersteller sicherzustellen. Dazu haben sich 30 Hersteller in der Digital Living Network Alliance (DLNA) zusammengeschlossen. Diese Allianz hat aber in ihren Bemühungen um die Kompatibilität zwischen den Geräten nicht alle Marktteilnehmer integrieren können. Es gibt auch andere Standards als die von der DLNA festgelegten, was auch in Zukunft noch zu Kommunikationsproblemen führen kann. (1)

Der Verbreitung multimedialer Inhalte im gesamten Heim steht kaum noch etwas im Wege

Audio- und Videodaten liegen inzwischen nahezu ausnahmslos noch in digitaler Form vor. Trotzdem werden die technischen Möglichkeiten, diese digitalen Inhalte auch auf vernünftigen Medien (Photos auf großem Bildschirm im Wohnzimmer, Audio-Inhalte über Stereo-Anlage und Internet-Filmschnipsel auch über den Wohnzimmerfernseher) vorzustellen, kaum genutzt.
Dabei ist alles, was für eine komplette Computer-Unterhaltungselektronik-Vernetzung notwendig ist, vorhanden. Viele Haushalte verfügen über einen WLAN-Router, den es meist als Zugabe bei Abschluss eines DSL-Vertrags gibt und Audio-Video-Streaming-Clients sorgen für die entsprechende Schnittstelle zwischen Computer-Welt und Unterhaltungselektronik.

Gerade für den Bereich der Distribution von Audio-

Inhalten wurde auf der IFA einiges an neuen Produkten gezeigt. Die meisten Geräte können auf ihren Festplatten Audio-CDs automatisch in das MP3-Format abspeichern. Viele der Geräte arbeiten mit dem UPnP-AV-Standard, der die Kompatibilität auch zu Geräten anderer Hersteller sicherstellt. Allerdings gibt es gerade im günstigen Segment auch noch genügend Angebote, welche nur die proprietären Schnittstellen der eigenen Geräte-Familie verstehen. Zudem ermöglichen einige Systeme die Übertragungen der Bildinformationen der Musiksammlung wie Cover oder ähnliches über Video-Schnittstellen. Ebenso bieten einige Geräte auch die Wiedergabe verlustfrei komprimierter FLAC-Dateien an.
Auch viele der Streaming-Clients von Buffalo, Zyxel, Pinnacle, oder Netgear verfügen über UPnP AV-Schnittstellen. Proprietäre Systeme sind ebenso erhältlich von D-Link oder Linksys. Der Linksys ist dabei der einzige Streaming-Client, der Microsofts Media-Center-Oberfläche von einem Vista-PC-Server auf jeden Bildschirm im Hause senden kann.
Leider besitzt keines der aktuell auf dem Markt befindlichen Systeme eine Gigabit-Schnittstelle. Allerdings reicht die verbaute FastEthernet-Schnittstelle für Streaming von HD-Inhalten aus. Auch eine WLAN-Anbindung ist für die erhältlichen Geräte kein Problem. Allerdings gibt es Geräte, die nur über WEP- anstelle WPA-Verschlüsselung

verfügen und somit aufgrund des konstanten Datenflusses ein erhebliches Sicherheitsrisiko darstellen.
Leider sind die verbauten WLAN-Module in den meisten Geräten zu langsam, um auch in kritischen Empfangssituationen Videoinhalte auch nur in Standardauflösung ruckelfrei zu übertragen.
Da keines der Geräte mit einem Lüfter ausgestattet ist, arbeiten sie alle sehr leise. Allerdings sollte vor dem Kauf eines Gerätes sehr genau auf die Stromaufnahme geschaut werden, da sich hier im Standby- und im Betriebsmodus große Unterschiede auftun. (4), (5)

Die Telekomoperatoren versprechen sich einen höheren Datentraffic von der Heimvernetzung

Auch die Operatoren in der Telekommunikationsbranche sind an einer über das Internet funktionierenden Steuerung des Heimnetzwerks interessiert, um den Datentraffic zu erhöhen. Trotz dem ja viele Haushalte bereits über Flatrates verfügen, könnte eine solche Steuerung zum Abschluss von Verträgen mit größeren Bandbreiten motivieren.

Fallbeispiele

Samsung und Yahoo! stellten auf der diesjährigen IFA ihre Kooperation vor. Der in den Samsung-Geräten integrierte Internet-Zugang wird von Yahoo! mit Inhalten gefüttert. Der so genannte InfoLive-Service wird Nachrichten, Wirtschafts- und Wetterinformationen auf die Samsung-Geräte bringen und ist über die Fernbedienung steuerbar. Da bisher von den Nutzern kaum der Wunsch geäußert wurde, den Fernseher auch zum Surfen zu nutzen, versuchen Samsung und Yahoo! ihren Dienst damit attraktiv zu machen, dass die gewünschten Informationen wie ein Ticker über das Bild laufen, während weiterhin ferngesehen werden kann. Bestärkt werden Yahoo! und Samsung in ihren Bemühungen durch die Ergebnisse einer Studie gemäß der 43 Prozent der Zuschauer des SuperBowls im vergangenen Februar gleichzeitig auf ihren Laptops im Internet gesurft haben. (2)

Das Unternehmen düwi vermarktet sein Z-Wave-Funksystem als Basis für ein Heimnetzwerk, mit dem

Heizung, Lüftung, Beleuchtung, Entertainment-Geräte und Klimaanlage gesteuert werden können. Als Steuergerät können die düwi-Fernbedienung genutzt werden wie auch die Logitech Harmony 895 oder das iPhone sowie der iPod Touch von Apple. Bei beiden Apple-Produkten kommt dafür der Media-Player von Apple zu Einsatz.

Das Z-Wave-Funksystem stattet die verschiedenen Home-Control-Geräte mit einem Z-Wave-Chip aus, welcher in Form eines vermaschten Netzes alle Geräte miteinander verbindet und so die Kommunikation ermöglicht. Die Fernbedienung kann dann an jedem Standort des Hauses genutzt werden. Die Befehle werden vom Sender dann über die verschiedenen Chips bis zum jeweiligen Empfänger weiter geleitet, ohne dass ein zentraler Server benötigt wird. (3)

Das Unternehmen Yuruka bringt vier Harddisk-Mediaplayer auf den Markt, die die wichtigsten Audio- und Video-Formate nicht nur speichern, sondern mittels LAN-Karte auch auf Fernsehern oder Monitoren abspielen können. (6)

Loewe stellte auf der IFA einen neuen Alleskönner als Fernseher vor. Dieses Gerät verfügt über einen hochauflösenden LCD-Schirm, einen digitalen Satellitenempfänger, einen HDTV-Festplattenrekorder, einen Dolby-digital-fähigen

Verstärker und eine WLAN-Antenne, um auf das drahtlose Heimnetzwerk zugreifen zu können. Der Erstinbetriebnahme-Assistent ermöglicht eine sehr einfache Installation von hierzulande bis zu 300 Fernseh- und 227 digitalen Radioprogrammen, die über Satellit empfangen werden können. Allerdings muss auf dem Computer zunächst ein Serverprogramm installiert werden, um dem Fernsehgerät den Zugriff zu ermöglichen. (7)

Die Deutsche Telekom betreibt deutschlandweit mehrere Projekthäuser, die das derzeit machbare im Bereich Heimvernetzung aufzeigen und auch die Alltagstauglichkeit dieser Lösungen beweisen. So kann mittels Internetverknüpfung die gesamte Elektronik im Hause von jedem Standort der Welt gesteuert werden. Ob die Heizung aufgedreht werden soll, die Alarmanlage aktiviert oder die Waschmaschine gestartet werden soll. Alle Geräte sind mit dem Internet und eigenen IP-Adressen verbunden und können dann auch aus der Ferne gesteuert werden. Ebenso können Haushaltsgeräte im Schadensfall den Wartungsdienst informieren. (1)

Miele präsentierte auf der IFA eine Lösung, bei der der Herd in der Küche über die Stromleitung mit der Dunstabzugshaube verknüpft ist. Das Kochfeld sendet dann jeweils Signale, die die Leistung der Abzugshaube regulieren.

Weiterführende Literatur

(1) IFA: Das Wohnzimmer von morgen
aus Süddeutsche Zeitung, 28.08.2008, Ausgabe Bayern, München, Deutschland, S. 24

(2) Harvey, Mike, Samsung teams up with Yahoo! To bring tv internet service to your sofa, The Times, 26.08.2008, S. 41
aus Süddeutsche Zeitung, 28.08.2008, Ausgabe Bayern, München, Deutschland, S. 24

(3) Mein Haus, mein Netzwerk, meine Fernbedienung
aus tecChannel.de Online, Meldung vom 25.08.2008

(4) Audio überall
aus c't - Magazin für Computertechnik, 18/2008, S. 30

(5) Vernetzte Entertainer
aus c't - Magazin für Computertechnik, 14/2008, S. 114

(6) Externe Festplatten mit Pfiff
aus IT-Business Nr. 11 vom 26.05.2008 Seite 50

(7) Der Test
aus WirtschaftsWoche NR. 021 VOM 19.05.2008 SEITE 111

Impressum

Heimvernetzung - Das diesjährige Hype-Thema der IFA verspricht endlich eine durchgängige Vernetzung im eigenen Heim

Bibliografische Information der deutschen Nationalbibliothek

Die Deutsche Nationalbibliothek verzeichnet diese Publikation in der deutschen Nationalbibliografie; detaillierte bibliografische Daten sind im Internet über http://dnb.d-nb.de abrufbar.

ISBN: 978-3-7379-0344-8

© 2015 GBI-Genios Deutsche Wirtschaftsdatenbank GmbH, Freischützstraße 96, 81927 München, www.genios.de

Alle Rechte vorbehalten. Dieses Werk ist einschließlich aller seiner Teile – z.B. Texte, Tabellen und Grafiken - urheberrechtlich geschützt. Jede Verwertung außerhalb der Grenzen des Urheberrechtsgesetzes bedarf der vorherigen Zustimmung des Verlags. Dies gilt insbesondere auch für auszugsweise Nachdrucke, fotomechanische Vervielfältigungen (Fotokopie/Mikroskopie), Übersetzungen, Auswertungen durch Datenbanken oder ähnliche Einrichtungen und die Einspeicherung und Verarbeitung in elektronischen Systemen.